Der Schilfmann

Über den Inhalt:

Paul ist Hobbyangler. Er führt ein sehr geregeltes Leben. Hier am See genießt er die Ruhe. Hier kann er abschalten und träumen. Bis er eines Tages die Bekanntschaft des Schilfmannes macht, ein kleines Männchen das hier am See mitten im Schilf lebt und ebenfalls ein sehr geregeltes Leben führt. Durch diese Begegnung verändert sich eines der beiden Leben gravierend. Lesen Sie wie es dazu kommt.

Dieses Buch lädt zum Träumen und Nachdenken ein. Wer mit seinem Leben unzufrieden ist, hat zwei Möglichkeiten; versuchen damit klar zu kommen, oder etwas zu ändern. Die Entscheidung liegt ganz bei Ihnen.

Florian Forstner

Der Schilfmann

Eine Geschichte für Groß und Klein.
Über verborgene Ängste, Zuhören und Loslassen.

Dieses Buch ist all denen gewidmet, die sich selbst überwinden,
ihrer Bestimmung folgen und bereit sind, ihr Leben zu verändern
wenn sie unzufrieden sind.

Bibliografische Information der Deutschen Nationalbibliothek
Die Deutsche Nationalbibliothek verzeichnet diese Publikation in der
Deutschen Nationalbibliografie; detaillierte bibliografische Daten sind
im Internet über http://dnb.d-nb.de abrufbar.

Impressum:
© 2008 Florian Forstner
ISBN 978-3-8334-4256-8
Satz, Umschlaggestaltung, Herstellung und Verlag:
Books on Demand GmbH, Norderstedt
Foto Cover: Florian Forstner
Vulcano Osorno, Largo Llanquihue, Chile

Inhalt

Kapitel 1 – Paul   7

Kapitel 2 – Der Schilfmann   11

Kapitel 3 – Ein Streich?   15

Kapitel 4 – Fußball   19

Kapitel 5 – Die Suche   23

Kapitel 6 – Das Wiedersehen   27

Kapitel 7 – Einsamkeit   31

Kapitel 8 – Das Geheimnis   33

Kapitel 9 – Ängste   37

Kapitel 10 – Der Anstoß   41

Kapitel 11 – Fett schwimmt   45

Kapitel 12 – Der Abschied   49

Zum Autor   55

Kapitel 1 – Paul

Sein Name ist Paul. Paul ist Angler, Hobbyangler. Wie an jedem Samstag ist er auch an diesem Samstag wieder früh aufgestanden, um zeitig am See zu sein. Er liebt es, wenn morgens noch der Tau die Wiesen bedeckt und über die ruhige, friedliche Wasseroberfläche des Sees der Dunst schleicht. Er liebt es wenn die Natur einen so unberührten Eindruck macht und die Tiere unbeirrt jeglicher Zivilisation sich für den Tag rüsten. Wenn die Vögel ihr Frühstück suchen und die Blumen langsam die Köpfe strecken. Eigentlich hat Paul sein Stammplätzchen am See. Er kommt seit Jahren dort hin. Er liebt die Ruhe. Er mag es, mal nicht reden zu müssen. Er mag es auch, mal nicht zuhören zu müssen. Paul arbeitet auf einer Bank. Er ist Kassierer. Früher hat ihm sein Job sehr viel Spaß gemacht. Er war stolz wenn die Kunden ihm ihr Geld anvertrauten. Er hat sich in den 30 Jahren in denen er nun schon auf der Bank arbeitet nicht ein einziges Mal verzählt. Auch darauf ist er stolz. Aber die Bankenwelt verändert sich. Es ist nicht mehr so wie früher als die Kunden noch kamen, um einfach so ein Schwätzchen zu halten, während sie sich ihr Wochenbudget auszahlen ließen oder sich von ihm die Überweisungen ausfüllen ließen. Heute geht das nicht mehr. Heutzutage hat Paul knallharte Vorgaben. Wöchentlich werden Ziele mit dem Abteilungsleiter vereinbart und die Kunden müssen am Schalter auf Versicherungen und Geldanlagen angesprochen werden. Dann versucht er Termine für die Kollegen in der Beratung zu vereinbaren. Um was es dabei geht darf er nicht sagen um das Interesse und die Neugier beim Kunden zu wecken. Den Kunden gefällt das nicht. Sie kommen immer seltener. Aber die Bank will das so. Ihm macht das keinen Spaß mehr. Aber was will er machen. Das ist eben sein Job. Die fünfzehn Jahre bis zu seinem Ruhestand steht er auch noch durch, denkt er sich.

Von Alledem will er aber heute nichts wissen. Er ist hier um seine Seele baumeln zu lassen. Er ist hier, um seine Träume in Ruhe träumen zu können. Hier möchte er die Natur genießen, den Duft des feuchten Grases riechen und den Vögeln bei ihren Morgenkonzerten zu zuhören. Hier ist die Welt für ihn in Ordnung; und hier findet er die Energie, um seine Batterien aufzuladen.

Im Prinzip geht es ihm und seiner Frau sehr gut. Sie haben alles was sie brauchen. Ein kleines Häuschen mit Garten in einer anständigen Wohngegend, jeder ein Auto, einen netten Bekanntenkreis und ein schönes Hobby. Seine Frau arbeitet als Arzthelferin in einer Arztpraxis und hat ähnliche Arbeitszeiten wie er. Das passt gut. Kennen gelernt haben sie sich vor zwanzig Jahren. Seit 18 Jahren sind sie verheiratet. Nur das Kinderglück blieb ihnen verwehrt. Aber auch das ist ok so.

Manchmal fragt sich Paul, warum er nicht mal etwas anderes gemacht hat. Er ist immer noch bei der gleichen

Bank bei der er damals den Beruf erlernt hat. Er hat nie ein anderes Unternehmen kennen gelernt. Nie in einer anderen Stadt gearbeitet oder sogar in einem anderen Land. Aber das ist eigentlich auch nichts für ihn. Er mag das Fremde nicht. Er hat lieber seine gewohnte Umgebung, seinen geregelten Tagesablauf und eben seine Frau und Freunde um sich. Und samstags geht er zum angeln.

Normalerweise sitzt Paul immer in derselben Bucht am Ufer des Sees. Dort beißen die Fische aber nicht mehr an, deshalb sucht er sich heute ein neues Plätzchen. Etwas abgelegen von der Straße findet er einen kleinen Zugang zum Ufer. Rings herum wachsen hohes Schilf und Büsche. Er freut sich richtig darüber, dass er dieses Plätzchen gefunden hat. Es ist kaum einsehbar. Hier wird er bestimmt nicht gestört.

Paul hat mit seiner Frau wieder diese Wette laufen. Wenn er einen Fisch fängt, dann wird sie ihn zum Abendessen zubereiten. Kartoffeln und Gemüse haben sie immer zuhause. Der Fisch wird gebraten oder gegrillt. Dazu gibt es einen trockenen Weißwein und danach eine feine Cremespeise. Fängt er allerdings keinen, dann lädt er sie in ihr Lieblingsrestaurant zum Essen ein. Leider hat er schon länger nichts mehr gefangen. Er träumt davon einmal einen richtig großen Fisch an der Angel zu haben. Einen, mit dem er kämpfen muss. Einen Zwölf-Pfünder-Barsch oder so. Einen, zu dem man dann noch die Nachbarn einladen kann, weil es für ihn und seine

Frau zuviel ist. Dann sitzt er stolz am Tisch und erzählt, wie er diesen Prachtburschen aus dem Wasser gezogen hat. Natürlich ist sein Fischkorb dafür zu klein und die Schwanzflosse schaut heraus.

Oh ja, er sitzt noch nicht einmal richtig und taucht schon in seine Traumwelt ein. Herrlich.

Kapitel 2 – Der Schilfmann

Paul stellt sein Dreibein auf und nimmt erst einmal Platz. Er hat sich Tee in einer Thermoskanne mitgebracht. Als erstes genießt er immer eine heiße Tasse Tee und die Morgenstimmung. Dann breitet er sein Equipment neben sich aus. Erst die Angel und den Köcher. Danach klappt er die Box mit den Ködern auf und formt im Mund kleine Weißbrotkügelchen, die er zum anfüttern ins Wasser wirft. In der Zoohandlung hat er sich gestern auf dem Heimweg von der Arbeit extra noch eine Dose Würmer gekauft. Den Ersten zieht er über den Angelhaken und schnalzt die Rute übers Wasser.

Sein Blick schweift über den See. Hin und wieder pickt sich ein Fisch einen Brotkrümel oder ein Insekt zum Frühstück von der Wasseroberfläche. Dadurch entstehen diese schönen Kreise, die sich ausbreiten und immer größer werden. Deshalb ist er hier. Das liebt er. Diese Ruhe und seine Träume, die sich hier ausbreiten können wie die Ringe auf dem Wasser.

Und tatsächlich, nach kurzer Zeit hat er den ersten Fisch an der Angel. Erst zuckt sie leicht. Dann zittert die Rute aufgeregt hin und her. Mit einem Ruck zieht Paul den Fisch aus dem Wasser. Er ist noch zu klein und Paul beschließt ihn wieder ins Wasser zurück zu geben aber es ist ein gutes Zeichen. Das wird ein guter Tag für Paul.

Er beobachtet die Gegend und wie er so umherschaut

sieht er auf einmal im Schilf an einem Schilfrohr ein kleines Knäuel hängen. ›Das sieht aber komisch aus‹, denkt er sich. ›Wie eine Puppe.‹ Er holt seine Angel ein und legt sie beiseite. Dann steht er auf und nähert sich langsam dem Schilf. Gut, dass er heute seine Anglerhose trägt, so macht es nichts, dass er bis zu den Hüften im Wasser steht. Doch er traut seinen Augen nicht. Und seinen Ohren schon gar nicht. »Was schaust du so?«, schallt ihm eine kräftige Stimme entgegen. An einem Schilfrohr hängt auf halber Höhe ein kleines Männchen, etwa so groß wie die Hand eines ausgewachsenen Menschen. Die Beine hat es um den Halm geschlungen und mit den Händen hält es sich abwechselnd fest. Aufgeregt dreht sich das Männchen hin und her. Und das ist gar nicht so einfach, denn es hat einen ziemlich dicken Bauch. ›Lustig‹, denkt sich Paul, das Männchen erinnert ihn an einen Gartenzwerg. Nur die Mütze fehlt. Seine blaue Hose wird gehalten von roten Hosenträgern und der grüne Pullover hat an den Ellenbogen braune Flicken. Sein Bart ist schön wuschelig und die Ratzenfrisur erinnert an die eines Lausbuben.

Die erste Freude weicht nun der Verwunderung:

»Wer bist du?« fragt Paul.

»Ich bin der Schilfmann« sagt das kleine Männchen.

»Der Schilfmann?«

»Ja, der Schilfmann!«

»Und was bist du?« fragt Paul nach.

»Der Schilfmann!«

»Aha!?! Und was machst du hier?«

»Ich lebe hier« sagt der Schilfmann.

»Hier am See?« fragt Paul.

»Nein, hier im Schilf!«

»So etwas wie dich hab ich noch nie gesehen!« stellt Paul fest.

»Ich zeige mich den Menschen auch nicht. Ich wollte nur mal wieder den See sehen und bin an den Rand des Schilfwaldes geklettert. Meine Hosenträgerschnalle hat sich verfangen und ich komm nicht mehr los. Kannst du mir bitte helfen?«

»Aber klar«, sagt Paul. Mit einem kurzen, vorsichtigen Ruck befreit Paul den Schilfmann von seiner misslichen Lage.

»Danke!« ruft der Schilfmann und mit drei, vier flinken Sprüngen von Halm zu Halm ist er im Dickicht verschwunden.

»He, warte, ich möchte dich noch etwas fragen ... «

Aber er bekommt keine Antwort mehr. Das Schilf wedelt noch etwas hin und her, aber es ist zu hoch und zu dicht. Paul kann nichts mehr erkennen.

Kapitel 3 – Ein Streich?

Paul steht da wie ein begossener Pudel. Bis zu den Hüften steht er im Wasser und hat gerade Bekanntschaft mit »dem Schilfmann« gemacht. ›Ist das gerade eben wirklich passiert? So etwas gibt es doch gar nicht. Was ist nur auf einmal los mit mir? Ich habe doch immer ein grundsolides Leben geführt, ohne übermäßigen Alkoholgenuss oder Drogen. Habe ich etwas Falsches gegessen? Werden meine Träumereien jetzt zu Halluzinationen?‹ Ziemlich verstört geht Paul zurück zu seinem Angelplätzchen und richtet sich wieder ein. Mit leerem Blick schaut er hinüber zum Schilf. Nach einer Weile setzt er einen neuen Wurm auf den Haken und schmeißt die Rute ins Wasser. Aber das eben Erlebte lässt ihn nicht mehr los. Er grübelt und merkt nicht einmal, dass Fische anbeißen. Immer wieder schaut er zum Schilf hinüber. Von dem Schilfmann ist nichts mehr zu sehen.

Nach drei Stunden hat Paul genug vom Grübeln. Er packt zusammen und fährt nach Hause. Er ist total verstört. Am liebsten würde er das gleich seiner Frau erzählen. Aber wie wird sie reagieren? Er kann ja selbst nicht glauben was er eben erlebt hat. Er beschließt, seiner Frau nichts vom Schilfmann zu erzählen. Auch seinen Freunden oder Kollegen nicht. Sie würden ihn für verrückt halten und ihm sowieso nicht glauben. Sie würden ihn sicherlich auslachen.

Vielleicht hat ihm auch jemand einen Streich gespielt. Mit einer Puppe. Und einem kleinen Lautsprecher. Vielleicht saßen im Schilf ein paar Jungs versteckt, die ein kleines Stoffmännchen an eine Schnur gebunden zappeln ließen und er ist darauf rein gefallen.

Es ist ja nicht das erste Mal, dass ihm jemand einen Streich spielt. Einmal haben ihm seine Arbeitskollegen den Inhalt von drei Lochern in seine Aktentasche geleert. Das war an Fasching. Lustig war es anfangs schon. Ein halbes Jahr später fand er immer noch runde Papierschnitzel in seiner Tasche. Eines Morgens hatten Lausbuben die Türgriffe seines Autos mit Senf beschmiert. Paul hat es nicht gesehen und sich den Senf versehentlich überall an den Mantel geschmiert. Oder der Geldschein, der auf der Straße lag. Er wollt ihn aufheben, da hüpfte er immer wieder von ihm weg. Er dachte anfangs es sei der Wind, bis er vor zwei Buben stand, die den Geldschein an einem Faden in der Hand hielten und sich krumm lachten. Paul hat mitgelacht. Er ist ein lieber Kerl. Aber er treibt auch seine Späße mit anderen. Da kann es schon mal sein, dass er zum Kaffeetrinken Salz statt Zucker anbietet. Oder Jackenärmel zusammen gebunden sind. Einmalig war, als er sämtliche Autoschlüssel vertauscht hat und die Verwandtschaft alle Autos durchprobieren müssten, zu welchen Wagen, welcher Schlüssel passt. Gelernt hat er diese Späße von seinem Großvater. Gemeinsam haben sie bei Festen immer die ganze Familie hoch genommen.

Aber das eben? Was war das? Nur ein Spaß? Nein, das kann nicht sein. Es war zu real. Aber was ist da nur passiert? Irgendwann, so hofft er, wird sich die Angelegenheit schon aufklären.

Kapitel 4 – Fußball

Und so nimmt alles wieder seinen gewohnten Gang. Nach einem kleinen Vesper kümmert sich Paul um den Garten. Die Natur hat nach dem strengen Winter wieder an Kraft gewonnen und die Pflanzen entfalten sich schnell. Am Nachmittag wird der Rasen vor seinem Reihenhäuschen gemäht. Seine Frau jätet in dieser Zeit den Kräutergarten und setzt neue Gewürze. Und um halb vier Uhr trifft sich Paul mit seinen Freunden bei Heinz. Heinz hat Premiere. Zeit, Freundschaften zu pflegen und Fußball zu schauen. Seine Lieblingsmannschaft liegt eins zu null vorne, … ein klasse Spiel und die Stimmung bei Heinz und den Jungs ist spitze. Und Paul? Paul denkt immer noch über den Schilfmann nach. Denkt an dieses kleine, hilflose Männlein, das da an einem Schilfrohr fest hing und seine Hilfe brauchte. ›Der Kleine muss ganz schön Angst gehabt haben vor ihm. Immerhin hätte er ihn auch in seinem Fischkasten mitnehmen und seinen Freunden zeigen können. Er hätte ihn zuhause wie ein Tier ins Terrarium sperren können.‹ Diese Gedanken verwirft Paul schnell wieder. Er könnte den kleinen Kerl nie einsperren. ›Aber er hatte Angst, sonst wäre er nicht so schnell weg gewesen! Trotzdem war er sehr freundlich und wirkte sehr aufgeschlossen. Das passt alles nicht zusammen.‹ Außerdem glaubt Paul weder an Wichtelmännchen oder Zwerge, noch an kleine Menschen mit blauen Hosen und grünen Pullovern die im Schilf leben. Paul wird immer mehr klar, dass es nur ein Traum gewesen sein konnte. Sicher ist er beim Angeln eingeschlafen. Aber es war alles so real! Na, egal. – Tooor! Ein klasse Spiel und eine super Stimmung ist hier bei Heinz.

»Paul, was ist los, Du wirkst heute so abwesend. Hattest Du diese Woche wieder Stress im Büro?« fragt Heinz.

»Ja, die Woche war anstrengend, aber lasst uns jetzt nicht übers Geschäft reden. Es ist alles ok«, sagt Paul.

Paul möchte auf keinen Fall darüber reden. Auch seine Frau hat beim Gärtnern schon gemerkt, dass er mit seinen Gedanken wo anders ist. Aber was soll er ihnen denn erzählen? Er würde nur sich selbst schaden. Und dem Schilfmann ebenfalls. Was würde denn passieren, wenn ihm doch jemand glauben würde. Alle würden an den See fahren und nach ihm suchen. Das möchte er nicht verantworten. Und seine schönen Anglervormittage wären auch vorbei wenn fünfzig Personen die Gegend dort durchkämmen würden. Vorbei die Ruhe, vorbei der Ausgleich von der Arbeit, vorbei die Träumereien. In diesem Moment trifft Paul den Entschluss, es wirklich niemandem zu erzählen. Dafür wird er nächsten Samstag noch mal genauer nach dem Schilfmann suchen. Es muss doch eine Erklärung geben für das, was er heute erlebt hat.

Pauls Lieblingsverein gewinnt. Haushoch. Nach dem Spiel fährt er nach Hause, macht sich frisch und führt seine Frau in ihr Lieblingslokal aus. Gefangen hat er ja heute nichts. Und vom Schilfmann hat er auch nichts erzählt.

Kapitel 5 – Die Suche

Am Montag stehen das Fußballergebnis und die Statistik vom Spiel in der Zeitung. In der letzten Zeile steht: Besondere Vorkommnisse: keine. Und genauso verläuft Pauls Woche.

Von Tag zu Tag denkt er weniger an den Schilfmann. Jedes Mal, wenn ihm das Gesicht des kleinen Männchens durchs Gedächtnis fliegt, beginnt er an sich selbst zu zweifeln. Je mehr er darüber nachdenkt, desto mehr zweifelt er an seinem Verstand und deshalb verdrängt er jeden Gedanken an dieses Erlebnis.

Nächsten Samstag ist Paul wieder unterwegs zum See. Nun will er es wissen. Er sucht die gleiche Stelle auf, installiert mit dem gleichen Zeremoniell sein Anglerequipment und wartet. Er ist aufgewühlt und ungeduldig, denn er wartet nicht auf die Fische sondern auf den Schilfmann. So merkt er auch nicht wie der Schwimmer des Angelhakens zuckt. Paul hat fest das Schilf anvisiert. »Da, … da ist etwas.« Paul lässt die Rute fallen und springt ins Wasser. Aber er hat sich getäuscht. Außer ein paar Vögel, die fluchtartig ihren Nistplatz im Schilf verlassen, ist da gar nichts. Er wagt sich näher und näher ans Schilf heran. Vorsichtig drückt er die Halme zur Seite an denen er vergangenen Samstag die Bekanntschaft des Schilfmannes gemacht hat. Doch er kommt nur etwa zwei Meter tief in das Gestrüpp. Zu dicht ist der Bewuchs. Außerdem möchte er nichts zerstören, dafür liebt er die Natur zu sehr.

Doch Paul ist enttäuscht. Diese innere Unruhe und die ungeklärten Fragen ärgern ihn. Er ist hier, um sich zu entspannen und um sich von der anstrengenden Woche zu erholen. Und jetzt springt er wie ein Bekloppter im Wasser herum und verscheucht die ganzen Fische. Er beginnt zu schmunzeln.

Er schüttelt den Kopf und fängt an zu lachen. Er lacht über sich selbst und watet durch das Wasser zurück zu seinem Platz.

Langsam konzentriert er sich wieder aufs Angeln. Nach einiger Zeit beruhigen sich das Wasser und seine Gedanken. Er hat Glück und zieht zwei prächtige Barsche aus dem Wasser. Nicht ausreichend um die Nachbarn einzuladen, aber für ihn und seine Frau gibt das ein tolles Abendessen. Nach zwei Stunden packt er zusammen und fährt nach Hause. Voller Stolz präsentiert Paul die Ausbeute des heutigen Angelausfluges seiner Frau, deren Augen beim Anblick dieser zwei Delikatessen zu leuchten beginnen und sie freut sich schon aufs Kochen.

Nach dem Vesper verbringen er und seine Frau ein paar Stunden im Garten. Die Hecke muss geschnitten werden und einige Topfpflanzen fürs Wohnzimmer werden umgetopft. Nichts kann heute Pauls gute Laune trüben. Auch nicht, dass sein Fußballteam verloren hat.

Die Stimmung bei Heinz ist wie immer gut und er beschließt, das Erlebnis mit dem Schilfmann nun endgültig zu vergessen.

Kapitel 6 – Das Wiedersehen

Auch an den folgenden Samstagen ist Paul wie immer am See. Wieder an derselben Stelle. Inzwischen hat er sein Interesse an dem Schilfmann verloren und keinen weiteren Gedanken mehr an das kleine Männchen mit der blauen Hose mit den roten Hosenträgern und dem grünen Pulli verschwendet. Er hat sogar wieder angefangen die Ringe zu beobachten und träumt von einem anderen Leben. Zum Beispiel vom Fliegen. Paul wäre gerne Pilot geworden oder Polizist, wie jedes Kind. Doch bei der Berufswahl entschied er sich, Banker zu werden. Das ist ein ehrbarer Beruf, dachte er sich und seine Eltern waren damals stolz auf ihn. Als Pilot ist man nur unterwegs und hat kein richtiges Zuhause und ein Polizist lebt sehr gefährlich. Das waren damals die Aussagen des Berufsberaters der einen Tag lang seine Klasse besuchte und bei dem sich die Schüler über ihren Berufswunsch informieren konnten. Seine Eltern sahen das genauso. Also machte er nach der Schule eine Bankausbildung. Nach der Abschlussprüfung gingen seine Eltern mit ihm zum Essen. Sein Vater überreichte ihm eine Goldmünze und sagte: »Mein Sohn, wir sind sehr stolz auf dich. Du hast einen guten Beruf erlernt und bist nun soweit, dir etwas Eigenes aufzubauen. Dieses Goldstück soll dich immer begleiten und dein Startkapital sein.« Seit dem legt er jeden Monat etwas auf die Seite. Man kann ja nie wissen. Nach der Ausbildung wurde ihm von den Bankdirektoren die Kasse anvertraut. Jahre später übernahm er dann die Hauptkasse. Hier lernte er auch seine Frau kennen. Sie war damals in Ausbildung bei einem guten Kunden der Bank – Dr. Knoblauch. Er war ein angesehener Arzt und sie durfte sich glücklich schätzen, ab und zu für ihn Botengänge zur Bank erledigen zu dürfen.

»Ich brauche bitte eintausend US-Dollar in bar für Herrn Dr. Knoblauch. Er fliegt morgen auf einen Ärztekongress nach Amerika.«

»In kleinen Scheinen?« fragte Paul.

Das war die erste Konversation zwischen ihm und seiner zukünftigen Frau. Paul war etwas neidisch. Er wäre damals auch sehr gerne einmal nach Amerika geflogen.

Es soll nicht der Eindruck entstehen, dass Paul unglücklich ist. Er ist zufrieden mit seinem Leben. Manchmal wünscht er sich nur etwas mehr Abwechslung. Die findet er nun hier am See beim Träumen. Er träumt von einem Urlaub am Meer, weißen Stränden und großen Palmen. Er hat seine Frau noch nicht einmal gefragt, ob sie mitgehen würde. Würde sie denn?

»Hallo« ertönt es aus dem Schilf, »Hallo, Sie«. Paul zuckt zusammen. Er sieht wieder ein kleines Knäuel im Schilf hängen. Nur diesmal spricht es ihn sogar direkt an. Nach genauerem Hinsehen erkennt er den Schilfmann. Paul bekommt Angst. Er hatte ihn vergessen. Und nun ist er wieder in seinem Kopf. Oder gibt es ihn wirklich? Paul nähert sich vorsichtig dem Schilf. Als er bis zu den Hüften im Wasser steht, sagt der Schilfmann zu ihm:

»Entschuldigen Sie, dass ich letztes Mal so schnell verschwunden bin, aber ich hatte ziemlich große Angst und wollte nur noch weg. Ich habe dabei ganz vergessen, mich zu bedanken, dass Sie mich befreit haben.«

»Schon gut« sagt Paul, »das hab ich gern getan. Aber ich muss zugeben, dass ich sehr verwirrt war und mir nicht mehr sicher war, ob ich das tatsächlich erlebt habe. Wer bist du?«

»Ich bin der Schilfmann!«

»Ja, das sagtest du beim letzten Mal schon, aber so etwas wie dich hab ich noch nie gesehen. Ich wusste nicht, dass es so kleine Menschen gibt.«

»Ich bin auch kein Mensch. Ich bin der Schilfmann. Ich lebe hier im Schilf.«

»Gibt es noch mehr von deiner Art?« fragt Paul.

»Nein. Ich lebe hier alleine.«

»Und woher kommst du?«

»Das weiß ich nicht! Meine Eltern sind vor Jahren gestorben und ich habe sie nie danach gefragt.«

»Was machst du denn den ganzen Tag, wenn du alleine bist?«

»Meistens baue ich an meinem kleinen Schilfhäuschen herum. Wenn starker Wind weht, geht immer irgendwo etwas kaputt. Und manchmal beobachte ich die Gegend rund um meinen Schilfwald. Dabei hab ich Sie gesehen und als ich Ihnen beim Angeln zugesehen hab, bin ich hängen geblieben. Das ist mir noch nie passiert.«

»War ja nicht so schlimm, ich konnte dich ja befreien.«

»Zum Glück. Alleine hätte ich mich nicht befreien können«, sagt der Schilfmann.

Kapitel 7 – Einsamkeit

In diesem Augenblick wird Paul klar, dass der Schilfmann einsam ist. Er macht auf ihn einen sehr traurigen und hilflosen Eindruck. Er hat weder Familie noch Freunde.

»Kennst Du denn hier niemanden?«

»Ab und zu«, so erzählt ihm das kleine Männchen, »kommt eine Ente vorbei geschwommen oder eine Libelle vorbei geflogen. Im meinem Schilfwald nisten Vögel, aber die sind nicht sehr gesprächig.«

»Hast Du keine Freunde?«

»Ich bin zu beschäftigt für Freunde. Es gibt immer etwas zu tun. Ich habe keine Zeit für Bekanntschaften. Das Dach muss immer wieder geflickt werden. Ich möchte nicht nass werden. Hier regnet es nun mal sehr viel. Außerdem welken die Schilfwedel, die mir als Schlafunterlage dienen sehr schnell. So muss ich jeden zweiten Tag neues holen.«

Paul stutzt.

»Ist das alles?« fragt er.

»Mein bester Freund war ein Frosch«, gesteht der Schilfmann zögerlich. »Er lebte auch hier im Schilf und wir haben uns jeden Tag getroffen. Eines Tages hat er ein Froschfräulein kennen gelernt und ging fort von hier um eine Familie zu gründen. Seit dem bin ich wieder alleine. Das ist nun schon einige Zeit her«.

Dass ihn sein Freund verlassen hat, hat der arme Schilfmann wohl bis heute nicht verdaut. Offensichtlich hat er sich zurückgezogen anstatt neue Bekanntschaften zu knüpfen.

»Verstehst du die Tiere?« fragt Paul.

»Ja, ich spreche die Sprache der Tiere. Aber die meisten haben Angst vor mir. Ich bin ihnen zu menschenähnlich. Außerdem verirren sich nicht viele Tiere in meinen Schilfwald. Es ist nicht so leicht, hier jemanden kennen zu lernen.«

Der Schilfmann blickt traurig auf den Grund des Sees. Es scheint als würde ihm eine Träne in den Augen stehen. ›Er muss wirklich sehr einsam sein. Wahrscheinlich hat er sich mir deshalb gezeigt. Er braucht jemanden zum Reden‹ vermutet Paul. Und ehe er diesen Gedanken zu Ende denken kann, blickt ihm ein neugieriges Gesicht entgegen.

»Verrätst du mir deinen Namen?«

»Paul, ich heiße Paul!«

»Paul ist ein schöner Name! Kommst du nächsten Samstag wieder?«

»Ja. Ich komme jeden Samstag.«

»Fein« sagt der Schilfmann, »dann können wir nächsten Samstag wieder reden, ich muss noch etwas an meinem Haus reparieren. Tschüß.«

Der Schilfmann schwingt sich wieder von Halm zu Halm und ist verschwunden.

Kapitel 8 – Das Geheimnis

Es gibt ihn also wirklich. Dieses kleine Männchen, das hier im Schilf lebt und Pauls Weltbild gehörig über den Haufen geworfen hat. Dieser kleine Kerl, der Schuld war an manch schlafloser Nacht und manch wirren Gedanken, bei denen Paul an seinem Verstand zweifelte und sich ernsthaft Sorgen gemacht hatte.

Nun weiß Paul, dass er nicht verrück ist. Er spürt zum ersten Mal seit langem wieder eine tiefe innere Zufriedenheit. Ein Gefühl des Wohlbefindens, das er schon fast vergessen hatte. Und Paul hat nun ein Geheimnis. Ein großes Geheimnis. Er hat dem Schilfmann versprochen, niemanden über seine Existenz zu erzählen. Und dieses Geheimnis wird er für sich behalten. So wie die vielen kleinen Geheimnisse seiner Kunden, die ihm am Bankschalter erzählt werden, wenn er sich um ihre Belange kümmert. Paul hört gerne zu. Teil aus Höflichkeit, teils weil es ihn interessiert, was andere zu erzählen haben.

Von diesem Tag an trafen sich Paul und der Schilfmann jeden Samstag. Immer stand Paul bis zu den Hüften im Wasser und der Schilfmann hing an seinen Schilfhalmen. Sie redeten über Gott und die Welt. Meistens erzählte Paul von seiner Arbeit, vom Fußball, von den vielen Menschen, die er traf und kannte. Denn eines konnte der Schilfmann sehr gut – zuhören. Vielleicht war es das, was Paul so gut gefiel. Es gab nun jemanden, der sich für ihn interessiert. Paul war ebenfalls ein guter Zuhörer. Viel zu erzählen hatte er allerdings bislang nicht. Das hat sich jetzt geändert. Und so wie er die Ruhe und Abgeschiedenheit hier genossen hat, wie er es genossen hat mal nicht zuhören zu müssen und seinen Gedanken und Träumen freien Lauf zu lassen, so genießt er es jetzt einfach nur erzählen zu können. Und der kleine Schilfmann hatte großes Interesse an Paul, an seinem Leben und an der Welt außerhalb seines Schilfwaldes, den er noch nie verlassen hat. Paul hatte sich bislang nicht getraut zu fragen, warum der Schilfmann sein Zuhause noch nie verlassen hat. Und so kam es, dass Pauls Neugier eines Tages doch überwog und er den Schilfmann fragte:

»Sag mal, dich interessieren meine Geschichten. Dich interessiert die Welt da draußen, dich interessieren die Tiere im Wald und ob es noch andere Pflanzen gibt, als diese hier am See. Warum gehst du nicht selbst mal auf Erkundung?«

Der Schilfmann schweigt. Er schaut auf den See. Sein Blick wird leer. Irgendwie hat er schon auf diese Frage gewartet, die er so ungern beantworten möchte. Paul bereut, die Frage gestellt zu haben. Er hatte sich schon gedacht, dass das kein gutes Thema ist. Er entschuldigt sich für seine Indiskretion.

»Nein, nein, das ist schon in Ordnung. Irgendwann musste diese Frage ja mal kommen. Der Grund ist, … ich kann nicht schwimmen. Meine Eltern haben mir das nicht beigebracht und ich traue mich nicht alleine ins Wasser.«

Kapitel 9 – Ängste

Du kannst nicht schwimmen? Hast du es denn schon mal versucht?«

»Nein, ich trau mich nicht. Ich habe Angst zu ertrinken. Unter meinem Haus ist das Wasser so flach, dass ich stehen kann. Aber rund um meinen Schilfwald ist das Wasser zu tief. Ich komme hier nicht weg. Einmal habe ich mir ein kleines Floß gebaut. Ich habe einige Schilfhalme zusammen gebunden, sodass ich darauf stehen konnte. Ich hab das Gleichgewicht verloren und bin ins Wasser gefallen. Eine Ente hat mich aus dem Wasser gezogen und zurück gebracht. Das war fürchterlich. Ein anderes Mal habe ich versucht eine Brücke aus Schilfhalmen zu bauen. Die war aber nicht lang genug. So bleibe ich eben hier. Hier geht's mir gut. Ich hab alles was ich brauch und genug zu tun. Mir wird nicht langweilig.«

»Warum hast Du die Ente nicht gefragt ob sie Dich an Land bringt?«

»Und dann? Wie komme ich dann wieder nach Hause? Die Ente wird nicht am Ufer warten bis ich wieder heim möchte!« Außerdem bin ich zufrieden hier«.

»Trotzdem willst du alles über die Welt da draußen wissen. Bist interessiert und neugierig. Das sind Eigenschaften eines Entdeckers! Probier's doch einfach mal. Ich kann dir helfen.«

»Schon gut, Paul. Es reicht mir, deinen Erzählungen zu lauschen.«

»Das zu erleben ist aber etwas anderes« sagt Paul.

»Mag sein«, sagt der Schilfmann, »aber ich kann hier nicht weg. Was soll dann aus meinem Haus und meinen Sachen werden. Ich kann ja nichts mitnehmen. Wenn etwas kaputt geht, während ich unterwegs bin. Nein, das ist nichts für mich.«

»Was soll denn kaputt gehen?« fragt Paul.

»Das Dach könnte vom Wind undicht werden und es könnte herein regnen. Dann wird alles nass. Oder eine diebische Elster stielt meine Sachen. Ich könnte auch verletzt werden und dann hilft mir niemand. Du glaubst ja gar nicht, welche Gefahren auf einen so kleinen Kerl wie mich überall lauern.«

»Aber du sagst doch, dass du dich mit allen Tieren gut verstehst.«

»Ja schon, aber ich kenn ja gar nicht alle Tiere«, sagt der Schilfmann. »Was, wenn mich irgendein wildes Tier frisst? Da bleib ich doch lieber in meinem kleinen Wald und lausche deinen Geschichten.«

Ein Gefängnis. Hier, wo die Natur eine ihrer schönsten Seiten zeigt und wo Paul die Abwechslung von seinem Alltag findet, ist ein Gefängnis verborgen. Der Schilfmann hat sich sein Zuhause zum Gefängnis gemacht. Ist es wirklich das Wasser? Oder vielmehr die Angst vor etwas Neuem? Die Angst vor Veränderung? Die Angst, neue Seiten an sich selbst zu entdecken?

Paul ist erstaunt. Soviel Angst hätte er nicht erwartet. Er erinnert sich an das erste Zusammentreffen. Wenn sich der Schilfmann nicht mit dem Hosenträger an einem Halm verhakt hätte, dann hätte er ihn bestimmt nie zu Gesicht bekommen. Eine Fügung des Schicksals? Ist er vielleicht auserkoren, dem kleinen Mann zu helfen? Auf der anderen Seite, was geht es ihn an? Warum soll er seinen kleinen Freund dazu bewegen sein kleines Reich zu verlassen und sich auf große Entdeckungsreise begeben, wenn er es doch gar nicht will. Am Ende ist er noch Schuld, wenn wirklich etwas passiert. Dann werden ihn bis an sein Lebensende Gewissensbisse plagen und er könnt nicht mehr ruhig schlafen.

Aber dann denkt Paul an das Leuchten in den Augen des Schilfmannes, wenn er vom Wald erzählt. Von den weiten Feldern und den schönen Blumen. Von Hasen und Rehen. Von Igeln und Eichhörnchen. Von Schnecken und Mäusen. All das hat er noch nie gesehen und wird es auch nie sehen, wenn er nicht über seinen Schatten springt. Der Schilfmann hört so gerne seinen Geschichten zu und jedes dieser Geschöpfe hat seine eigene Geschichte. Nein, Paul kommt zu dem Entschluss, dass er den Schilfmann überreden muss, einen kleinen Schritt aus seinem Nest zu wagen. Aber wie?

Kapitel 10 – Der Anstoß

Weißt du mein Freund«, sagt Paul, »ich kann verstehen, dass du Angst hast, weil du nicht weißt, was alles passieren kann. Aber du hast doch nichts zu verlieren. Du bist alleine, hast keine Freunde, lebst auf engstem Raum und machst tagein, tagaus das Gleiche. Dein Freund, der Frosch kommt bestimmt nicht wieder zurück. Sicher, es ist schön hier am See. Aber du bist doch nicht glücklich, das sehe ich dir doch an. Dein größter Feind sind nicht die wilden Tiere sondern die Angst in dir selbst. Schwimmen kann man lernen. Du kannst dich überall verständigen, da wird man dir schon weiter helfen und dein Haus und deine Sachen wird schon niemand stehlen. Vielleicht kann ich auch ein paar Sachen für dich aufbewahren.«

»Das ist nett von dir. Aber ich möchte wirklich nicht fort. Es gefällt mir hier gut und Träume sind zum Träumen da.« sagt der Schilfmann.

Das war ein Bumerang. Wie oft saß Paul schon hier am See und träumte von einem anderen Leben. Von der Ferne und spannenden Herausforderungen. Vielleicht sollte er erst einmal an sich selbst denken, bevor er gute Ratschläge gibt.

Es ist spät geworden. Sie diskutieren noch ein paar Minuten, dann verschwindet der Schilfmann zwischen den Schilfrohren und Paul packt seine Angelsachen zusammen und fährt nach Hause. Natürlich hat er heute wieder nichts gefangen, er hat sich ja auch nur mit seinem kleinen Freund unterhalten. Am Nachmittag trifft er sich wie immer mit seinen Kameraden zum Fußball und abends führt er seine Frau wie immer in ihr Lieblingslokal zum Essen aus. Es ist für Paul gar nicht so einfach, sich von seinen Freunden nichts anmerken zu lassen, wenn er über den Schilfmann und das Gesprochene vom Vormittag grübelt. Aber das ist sein großes Geheimnis und soll es auch bleiben. Bislang konnte er seine Gedanken ganz gut verbergen. Er stellt sich einfach vor es wären die Geheimnisse seiner Kunden. Die könnte er auch niemals jemand anderem erzählen. Wenn das einmal raus käme, wäre er seinen Job los.

Bislang haben sich Paul und der Schilfmann nur im Wasser unterhalten. Am Samstag drauf beschließt Paul allerdings seinen kleinen Freund mit an Land zu nehmen und ihm seine Angelausrüstung zu zeigen. Er trägt ihn auf der Hand sicher übers Wasser ans Ufer und setzt ihn vorsichtig ab. Da merkt Paul, dass der Kleine Schwierigkeiten beim Laufen hat. ›Natürlich, er kann zwar sehr geschickt von Halm zu Halm springen und klammert sich dabei mit beiden Beinen um die Halme, aber so richtig laufen hat er wohl nie gelernt. Das war bestimmt auch ein Grund, warum er nie an Land wollte‹ denkt sich Paul. Aber der Schilfmann gibt mit seinen O-Beinen sein Bestes und versucht sich mühsam

Schritt für Schritt fort zu bewegen. Paul lenkt von der für beide peinlichen Situation ab, indem er ihm erklärt wie man Fische fängt. Der Schilfmann ist beeindruckt. Allerdings ist er auch etwas traurig. Er mag die Fische. Allerdings kennt er keinen persönlich, da er sich mit ihnen nicht unterhalten kann. Er war ja noch nie im Wasser. Er kann es verstehen, dass Paul ein Hobby mit etwas für ihn Nützlichem verbindet. Wenn Paul die Fische nicht fangen würde, dann jemand anders. Ein Vogel, ein größerer Fisch, ein Dachs, … Fressen und gefressen werden, das ist der Lauf der Dinge. Deshalb möchte er auch nicht raus aus seinem Wald, deshalb fühlt er sich zuhause wohl«. Nach zwei Stunden bringt Paul seinen Freund wieder zurück zum Schilf. Voller Dankbarkeit für diese neue Erfahrung verabschiedet sich der Schilfmann von Paul und schenkt ihm einen kleinen Fisch, den er aus Schilfholz geschnitzt hat. Dieser soll ihm Glück bringen und bekommt einen sicheren Platz in Pauls Anglerbox, direkt neben den Ködern. Paul ist gerührt. Er spürt, wie wichtig ihm seine Freundschaft ist. Es ist eine ungezwungene Beziehung, die durch beide von Interesse, Achtung und Herzlichkeit getragen wird. Es ist ein ehrliches Interesse, keine geheuchelte Freundlichkeit, die Paul schon so oft kennen gelernt hat. Viele Menschen interessieren sich nicht wirklich für andere sondern sind viel zu sehr mit sich selbst beschäftigt, folgen aber dennoch nicht ihrer Bestimmung. Ihre eigene Unzufriedenheit überspielen sie dann mit Interesse an anderen. Das nächst-schlimmere Stadium ist dann wenn diese Leute auch noch schlecht über andere sprechen. Auch seine Kunden, so glaubt er, erzählen ihm nur deshalb ihre Geschichten, weil sie wissen, dass er sie nicht weiter gibt und ihre Sorgen und Nöte einfach nur los werden wollen. Aber hier findet er Ehrlichkeit. Hier findet er wahres Interesse an seiner Person. Am Nachmittag steht Gartenarbeit an. Die Fußballsaison ist gerade in der Sommerpause. Paul, Heinz und die anderen Kameraden treffen sich trotzdem. Sie spielen Karten oder Boccia. Zeit um Bekanntschaften zu pflegen.

Kapitel 11 – Fett schwimmt

Am folgenden Samstag trifft Paul den Schilfmann nicht. Obwohl er ständig das Schilf beobachtet und sogar zweimal nach ihm gerufen hat, bleibt er im Schilfwald verborgen. Eine Woche später sieht er ihn wieder nicht, so dass sich Paul schon Sorgen macht. Er wird ihn doch nicht verärgert oder gar verletzt haben. Vielleicht war der Ausflug an Land zuviel für ihn. Auch in den nächsten drei Wochen bekommt Paul den Schilfmann nicht zu sehen. »Siehst du, es ist einfach nicht gut, auf andere einzureden, sich in ihr Leben einzumischen und sie von etwas überzeugen zu wollen, was man vielleicht selbst gerne hätte. Das zerstört Freundschaften«, sagt sich Paul. Er ärgert sich über sich selbst. »Andererseits, dafür hat man doch Freunde oder? Wenn man mit einem Freund nicht offen reden kann, mit wem dann?« Ja, er bezeichnet den Schilfmann als Freund, so nahe sind sie sich gekommen. Deswegen macht er sich auch so große Sorgen.

Nach ein paar erfolglosen Angelversuchen hält Paul die innere Unruhe nicht mehr aus und er beschließt, im Schilf nach ihm zu suchen. Er steht bis zu den Hüften im Wasser und biegt gerade die ersten Schilfrohre zur Seite als von hinten eine laute Stimme ertönt: »He, was machst du denn da?« ›Die Stimme kenne ich‹ denkt sich Paul und dreht sich blitzartig um. Tatsächlich, es ist der Schilfmann. Paul macht einen Satz vor Freude und traut gleichzeitig seinen Augen nicht. Der Schilfmann schwimmt im Wasser. Genüsslich liegt er auf dem Rücken und lässt sich treiben. Die Arme hat er hinter seinem Kopf verschränkt wie jemand, der in einer Hängematte liegt.

»Du kannst schwimmen?« fragt Paul.

»Ja!«

»Und wie hast du das heraus gefunden?«

»Ich hab viel über das nachgedacht was du gesagt hast. Der Ausflug an Land hat mir so viel Spass gemacht, dass ich unbedingt wieder ein paar Schritte laufen wollte. Ich konnte allerdings nicht bis Samstag warten. Eines Abends hab ich an mir herunter geschaut. Da ist mir aufgefallen wie dick ich eigentlich bin. Und da Fett schwimmt, dachte ich mir, dass ich eigentlich gar nicht untergehen kann. Also hab ich mich langsam an einem Schilfhalm ins Wasser gelassen und tatsächlich, ich bin nicht unter gegangen.«

»Hahahaha… « selten hat Paul so herzhaft gelacht wie in diesem Augenblick. Er ist erleichtert, dass es seinem Freund gut geht und seine Sorge unnötig war.

»Anfangs hab ich mich noch krampfhaft an den Schilfhalmen fest geklammert. Ich konnte irgendwie nicht glauben, dass ich all die Jahre hier festgesessen bin und doch schwimmen konnte. Dann hab ich einfach los gelassen und hab mich treiben lassen. Das war der schönste Moment in meinem Leben. Du kannst dir nicht vorstellen, was das für ein Gefühl war.«

»Nein, das kann ich wirklich nicht«, sagt Paul.

»Ich bin dann erst mal durch den halben See geschwommen, hab mich mit vier Enten unterhalten. Die hatten eine Menge zu erzählen. Anfangs war mir das Geschnatter fast zuviel. Sie haben mir gezeigt wo es die leckersten Beeren hier am See gibt. Tags drauf bin ich in den Wald. Dort hab ich ein Eichhörnchen getroffen. Das sammelt jetzt schon Nüsse für den Winter und hat mir seine Vorratskammer gezeigt. Ich hab ihm beim Nüssesammeln geholfen und abends haben wir königlich gespeist. Es ist so schön wieder neue Geschöpfe kennen zu lernen und Anderes zu sehen. Paul es ist alles so spannend.«

Der kleine Mann explodiert beinahe vor Freude und möchte am liebsten alles gleichzeitig erzählen. Er redet so schnell, dass Paul fast nur die Hälfte versteht. Das ist aber nicht so schlimm, denn Paul ist überglücklich, dass er ihn dazu bewegt hat, seine Hemmungen zu überwinden und eine neue Welt zu entdecken. Nun merkt er erst wie gefangen und unglücklich der Schilfmann doch war. Gewohnheit und Resignation täuschten über den wahren Gemütszustand hinweg und nun kennt die Freude keine Grenzen mehr.

Der Schilfmann hat von den letzten drei Wochen mehr zu erzählen, als er Paul in den letzten vier Monaten erzählt hat seit sie sich kennen. Es ist als würde der Schilfmann laufen lernen und möchte nun die ganze Welt umarmen, so viel Gefühl und Emotion stecken in seinen Erzählungen.

Die Zeit vergeht wie im Fluge und Paul muss leider so unhöflich sein und den Schilfmann unterbrechen. Er muss nach Hause, sonst macht sich seine Frau Sorgen. Außerdem warten seine Kameraden auf ihn.

In den folgenden Wochen sitzt Paul wieder alleine am See. Zwar macht er sich keine Sorgen mehr um den Schilfmann, denn er weiß ja jetzt, dass er unterwegs ist. Traurig ist er aber schon. Er hat sich sehr an die Gespräche mit dem kleinen neugierigen Kerl gewöhnt, der alles von ihm wissen wollte. Sogar für seinen eintönigen Beruf hat er sich sehr interessiert. Vielleicht ist er auch etwas neidisch. Er hätte nicht gedacht, dass es so einfach ist, seine Ängste zu überwinden, los zulassen und etwas Neues zu wagen. Aber der Kleine hat es ihm vorgemacht. »Nein«, Paul schüttelt den Kopf, »so einfach ist es nicht!« Er hat noch nicht einmal mit seiner Frau darüber gesprochen.

Kapitel 12 – Der Abschied

An diesem Samstag nimmt alles seinen gewohnten Gang. Paul fährt früh an den See, baut seine Angelausrüstung auf und setzt sich auf sein Dreibein. Die Rute schnalzt hinter ihm als er ausholt und den Haken mit dem Wurm ins Wasser wirft. Paul hat den Schilfmann nur noch sehr selten gesehen. Aber wenn sie sich gesehen haben, dann hat er tolle und lustige Geschichten erzählt bekommen. Paul ist sich bewusst, dass er sich künftig wieder mehr aufs Angeln konzentrieren kann. Noch immer träumt er davon, einen richtig großen Fisch aus dem Wasser zu ziehen und die Nachbarn zum Abendessen einzuladen.

Plötzlich steht der kleine Schilfmann neben ihm. Nach einem kurzen »Hallo« sagt er zu Paul:

»Paul, ich möchte mich bei dir bedanken. Du hast mir ein großes Tor aufgestoßen. Ein Tor in eine neue, schöne Welt. Du hast mir geholfen, meine Ängste zu überwinden und nun weiß ich, wie unbegründet und dumm meine Angst war. Wenn ich dich nicht getroffen hätte, dann hätte ich weiterhin ein tristes und graues Leben geführt und die Farbenpracht der Welt und des Lebens wäre mir wahrscheinlich auf ewig verborgen geblieben.«

Pauls Herz wird schwer. Er ist sehr gerührt von den, aus tiefstem Herzen und mit aufrichtiger Dankbarkeit gewählten Worten seines Freundes. Er ist stolz, jemandem so überaus geholfen zu haben. Aber er wird traurig. Er spürt den Abschied.

»Ich habe mir einen Beutel gepackt mit den wichtigsten Dingen. Jetzt wo ich keine Angst mehr vor dem Wasser und dem Wald habe, möchte ich meine Neugierde auf die Welt befriedigen. Ich möchte losziehen und die Gegend erkunden. Ich möchte wissen, was hinter diesem See liegt, was hinter diesem Wald liegt. Ich möchte neue Tiere kennen lernen und neue Pflanzen sehen. Ich möchte wissen wie das Gras und die Blumen riechen, die anders aussehen, als diese hier.«

»Und was machst du mit deinem Zuhause?« fragt Paul.

»Das wird mir schon keiner kaputt machen. Und wenn ist es auch egal. Ich habe ein paar Sachen versteckt für Notzeiten. Den Rest brauch ich nicht mehr. Wenn ich einmal wieder zurück komme und mein Haus nicht mehr da ist, dann bau ich mir eben wieder ein Neues.«

Ist das der gleiche Schilfmann, den Paul kennen gelernt hat? Wie sehr hat er sich doch verändert. Die Lebensfreude strahlt aus ihm heraus. Zu Beginn war er gesteuert durch seine Ängste und Befürchtungen. Nun ist er unternehmungslustig und voller Tatendrang. Paul hat feuchte Augen. Wie gerne würde er jetzt einfach mitgehen. Doch das geht nicht.

»Ich breche auf. Leb wohl. Ich komme wieder, … irgendwann, … vielleicht. Ich weiß ja wo ich dich finden werde«, sagt der Schilfmann.

»Warte«, sagt Paul, »ich habe schon damit gerechnet, dass dieser Moment einmal kommt«. Paul greift in die Hosentasche und zieht die Goldmünze heraus, die ihm sein Vater zur bestandenen Abschlussprüfung geschenkt hat. Sie hat ihm immer Glück gebracht und er hat den Wunsch und die Hoffnung seiner Eltern erfüllt und sich etwas aufgebaut. Nun ist es an der Zeit, diese Münze weiter zu geben.

»Das ist eine Goldmünze. Sie wird dir weiterhelfen, wenn du in Not gerätst. Sie soll dir Glück bringen und dich beschützen«.

Der Schilfmann ist gerührt. Die Viertel-Unze verschwindet sofort in dem kleinen Beutel, den er sich gepackt hat. Die Münze ist so groß, dass sie den Sack ausbeult.

Mit seinem kleinen Stofftaschentuch, das ihm Paul aus einem Stoffrest seiner Frau zugeschnitten und geschenkt hat, wedelt er vergnügt. Er wirft seinen Sack auf den Rücken und stapft los. Schon ist er im Wald verschwunden. In der Ferne dreht sich der Schilfmann noch mal um und winkt. Paul setzt sich. Jetzt spürt er erst, wie schwer ihm geworden ist. Sein Blick ist leer. Er beginnt nachzudenken. Über sich. Sein Leben. Sein Zuhause. Seinen Job. Die Freunde. Über alles. Eigentlich ist er ja ganz zufrieden. Nach zwei Stunden packt er zusammen.

Am Nachmittag wird er mit seinen Freunden Fußball schauen und abends seine Frau zum Essen ausführen. Gefangen hat er heute wieder nichts.

Wie geht es weiter mit dem Schilfmann? Was wird er erleben auf seiner Reise?

Und Paul? Was wird aus ihm?

Lassen Sie sich überraschen.

»Ein Wiedersehen mit dem Schilfmann« ist in Arbeit.

Zum Autor

Florian Forstner – 37

Er ist, wie die meisten es wahrscheinlich schon vermutet haben, Banker.

Er war auf dem besten Wege ein Paul zu werden. Doch dann lernte er schwimmen, kündigte seinen Job und bereiste das Ausland.

Heute ist er Autor, Coach, Personaltrainer und Führungskraft eines Genossenschaftsunternehmens.

Weitere Publikationen des Autors

»Seelenpost«
Bildbände und Grußkarten

www.seelenpost.com

Entdecken Sie eine neue Welt unter:
www.foresters.de

außerdem:

Mitautor der Gemeinschaftsveröffentlichung
»Feuerwerk des Verkaufens«
– Werte im Verkauf –
Erhältlich über den BR Verlag
ISBN: 3-9810088-4-7

Für alle die mich dabei unterstützt haben.